선생님이 알려 주는 소비자 경제 이야기

우리 같이 착한 소비

선생님이 알려 주는 소비자 경제 이야기

우리 같이 착한 소비

조희정 글 | 나인완 그림

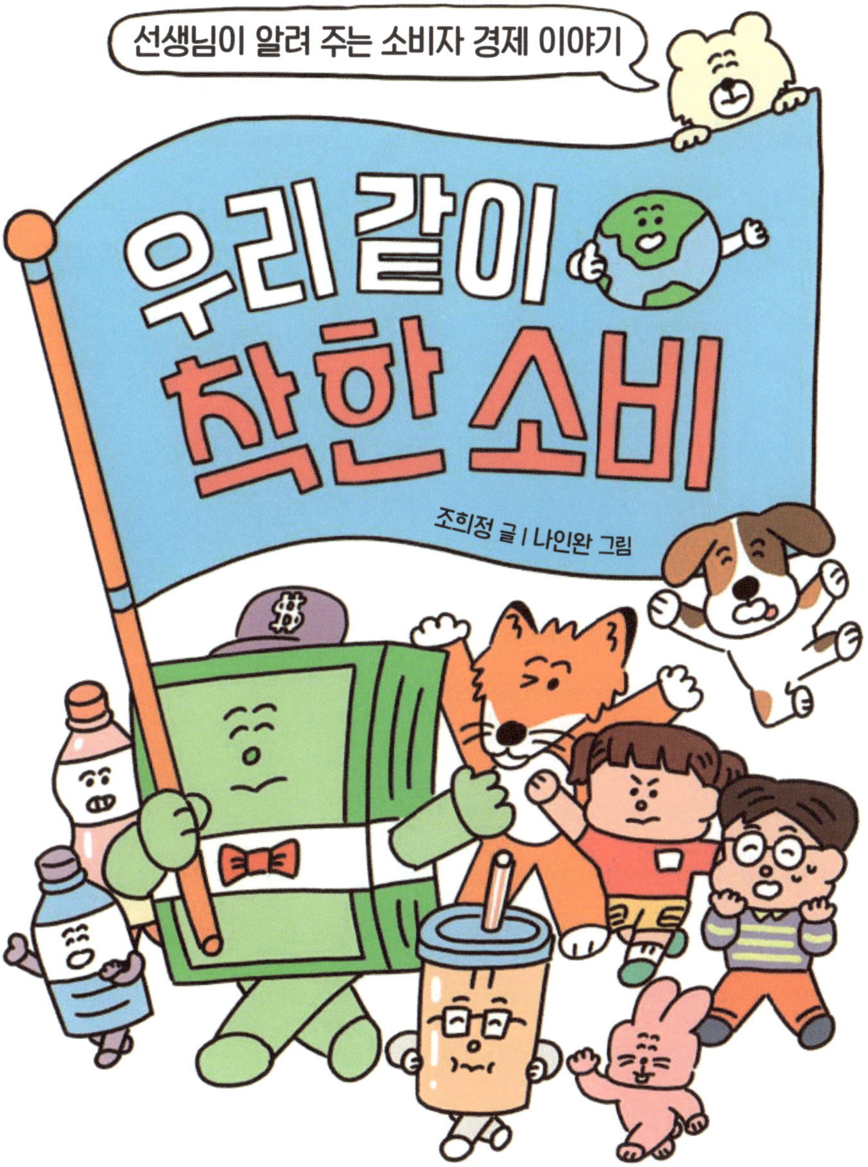

그레이트 BOOKS

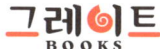

'화수분'이라는 말 들어 봤니?

    화수분은 재물이 계속 나오는 보물단지야.
    물건을 넣으면 똑같은 물건이 끝없이 나온다는 옛이야기 속 단지란다. 상상만 해도 즐거운 일이지? 지금 내 눈앞에 화수분이 있다면 무엇을 넣을까? 게임기? 스마트폰? 나 같으면 말이야, 돈을 넣을래. 돈이 있으면 갖고 싶은 것도 사고, 하고 싶은 것도 마음껏 할 수 있으니까. 돈 걱정 없이 '소비 활동'을 하는 거지.
    '소비'란 물건을 사서 쓰거나 외식 및 여행 등의 서비스를 이용하는 거야. 우리가 먹고, 입고, 활동하는 모든 행동은 대부분 소비와 관련이 있어. 우리가 살아가는 데 꼭 필요한 경제 활동이지.
    소비를 하려면 우선 여러 가지 물건이나 서비스를 만들어야겠

지? 이걸 '생산 활동'이라고 해. 예를 들어 면 티셔츠를 사는 건 소비 활동이고, 그 옷을 만드는 데에 필요한 면화를 농장에서 재배해 수확하고, 공장으로 운반해 옷으로 만들어 시장에 내다 파는 건 모두 생산 활동이야. 옷을 만들기 위해 필요한 모든 과정이 생산인 거야.

그러니 내가 면 티셔츠 한 장을 샀다는 건 단지 '돈을 썼다'는 의미가 아니야. 면 티셔츠 한 장에는 면직물을 만들기 위해 필요한 면화, 면화를 재배하고 수확한 농부의 수고, 멋진 옷으로 변신시켜 주는 많은 사람의 노동이 함께 담겨 있지.

소비를 하기 전엔 많은 것을 따져 봐야 돼. 가격이나 디자인처럼 눈에 보이는 것은 물론이고, 그 물건이 나에게 오기까지 거쳐 온 과정까지 말이야. 왜냐고?

그건 물건을 만드는 과정에서 인간, 동물, 환경 등에 해를 끼치는 일이 종종 있기 때문이야. 노동자에게 정당한 대가를 주지 않았거나, 동물을 희생시키는 일 따위 말이야. 이렇게 우리 눈에 보이지 않는 과정까지 꼼꼼하게 따져 보고 물건을 사는 걸 '윤리적 소비' 또는 '착한 소비'라고 한단다.

하지만 착한 소비는 말처럼 쉽지 않아. 가격이나 디자인 등은 눈으로 확인할 수 있지만 생산 과정에서 인간, 동물, 환경에 어떤 피해를 주었는지는 알아내기 어렵거든. 물건을 만들어 파는 기업은 가격과 품질에 대해 좋은 점만 알리려고 해. 그러니 착한 소비를 하려면 우리가 소비하는 물건에 대한 관심이 필요하단다. 그럼 지금부터 세상에서 가장 멋진 소비자가 되는 방법을 알아볼까?

조희정

차례

머리말 : '화수분'이라는 말 들어 봤니? ── 6

① 똑똑한 소비자

'돈' 하면 떠오르는 것 · 소비 ──────── 14
수영복 어디서 살까? · 선택 ──────── 22
'광고' 보면 사고 싶어! · 현명한 소비 ──── 28

② 착한 소비자

다운 패딩 어떻게 생각해? · 동물 학대 ──── 38
비글이 위험해! · 동물 실험 ──────── 48
소비의 힘을 보여 줘! · 착한 소비 ──── 56

③ 따뜻한 소비자

초콜릿이 나에게 오려면 · 아동 노동 ——— 64
바나나도 공정하지 않아 · 공정 무역 ——— 74

④ 행복한 소비자

플라스틱이 가득한 세상 · 쓰레기 ——— 84
지구의 주인공은 우리가 아냐 · 기후 변화 ——— 98
아보카도와 이산화 탄소 · 탄소 발자국 ——— 106

맺음말 : 착한 소비는
　　　　세상을 바꿀 수 있어요 ——— 114

보통 '돈'이라고 하면 율곡 이이나 세종대왕이 그려진 화폐를 떠올려. 요즘에는 '엄마 카드(엄카)'가 생각난다고 하는 친구들도 많지. 다들 동전이나 지폐를 들고 가 편의점에서 컵라면을 사 먹거나, 문방구에서 캐릭터 카드를 사 본 적이 있을 거야. 부모님이 신용 카드를 이용해 물건을 구입하는 걸 보기도 했을 테고. 그래서 많은 사람들이 '돈'이라고 하면 지폐나 카드를 떠올리지.

우리가 소비를 할 때 화폐나 신용 카드 등을 사용하는 건 사회 구성원이 그걸로 물건을 사자고 약속했기 때문이야. 만약 제주도 현무암으로 물건을 살 수 있다고 약속했다면, 돌멩이 역시 돈이 될 수 있지.

과거에는 나라마다 여러 가지 물건이 돈 역할을 했어. 아프리카에서는 송아지가, 남태평양의 어느 섬에서는 조개껍데기가, 동유럽에서는 가죽이 돈으로 사용됐단다.

소비

돈으로 할 수 있는 많은 것 중에서 필요한 물건을 구입하기 위해 돈을 쓰는 걸 '소비'라고 해. 미용실에 가서 머리를 다듬는 일, 수학 학원에서 부족한 공부를 보충하는 일, 최신 영화를 보는 일 등 눈에 보이지 않는 서비스를 사는 것도 소비에 포함되지.

우리는 생활을 즐겁고 편리하게 해 주는 물건을 구입하거나, 스스로 의미 있다고 여기는 일에 돈을 쓰며 살아가고 있어. 그런데 사람마다 '즐겁다', '편리하다', '의미 있다'라고 느끼는 기준은 서로 달라. 부모님께 똑같은 액수의 용돈을 받더라도 게임하는 게 세상에서 가장 즐거운 친구는 게임기를 사는 데에 용돈을 쓰고, 책벌레 친구는 서점으로 달려가 책을 살 거야.

가치

아버지와 아들이 마트에서 몰래 우유와 사과 등을 훔치다 마트 주인에게 들킨 일이 있었어. 택시 기사였던 아버지는 건강이 좋지 않아 6개월 동안 돈을 벌지 못했고, 결국 배고픈 아들을 위해 음식을 훔쳤지.

사정을 알게 된 마트 주인은 처벌을 원치 않았고, 현장에 출동한 경찰관도 이들을 경찰서로 끌고 가는 대신, 근처 음식점으로 데리고 가서 국밥을 사 주었대. 그런데 갑자기 한 아저씨가 국밥집에 들어오더니 이 아버지 앞에 봉투를 툭 던지고 사라졌어. 봉투 안에는 무려 20만 원이 들어 있었지.

돈 봉투를 주고 간 아저씨는 왜 그런 행동을 했을까? 아마도 20만 원이라는 돈으로 할 수 있는 많은 일 중에서 배고픈 사람을 도와주는 일이 의미 있다고 생각했기 때문일 거야.

사람들은 자신이 중요하다고 여기는 것에 돈을 먼저 사용해. 중요하다고 여긴다는 건 '가치'를 둔다는 거지. 돈 봉투를 건낸 아저씨가 저축에 더 가치를 두었다면 처음 보는 사람에게 20만 원을 건네지는 않았을 거야.

소비가 변하면 사회도 변해!

조선 후기에 '박제가'라는 학자가 있었어. 박제가는 사람들이 경제생활을 하는 데 가장 중요한 건 소비라고 주장했지. 소비가 활발히 이루어져야 나라가 부강해지고 발전한다고 말이야. 거꾸로 소비를 하지 않으면 나라는 점점 가난해진다고 했어. 예를 들어 비단옷을 사려는 사람이 없다면 비단 장수는 비단을 팔 수 없게 되니 돈을 벌지 못할 테고, 책 읽는 사람이 없다면 책방 장수도 책을 못 파니까 결국 가난해진다는 거지. 생활에 필요한 갖가지 물건과 서비스를 만들어 내는 일을 '생산'이라고 하는데, 소비하지 않으면 생산할 필요가 없고, 생산하지 않으면 소비를 할 수 없으니, 소비와 생산은 항상 붙어 다니는 절친이라고 할 수 있어.

과거에는 소비 활동이 이렇게 중요한 경제 활

내가 바로 조선 후기의 실학자, 박제가란다.

동이라는 걸 이해하지 못했어. 당시 왕이었던 정조도 박제가의 주장이 옳다고는 생각했지만, 나라를 운영할 때 그의 의견을 활용하지는 않았지.

하지만 지금은 박제가의 주장처럼 소비 활동이 엄청나게 강조되고 있어. 얼마나 많이 소비하는지, 어느 부분의 소비가 늘었는지도 꼼꼼하게 조사하고 말이야. 왜냐고? 사람들의 소비 생활은 사회 전체에 영향을 주거든. 사람들이 많이 소비하는 물건을 만드는 기업은 돈을 많이 벌고, 더 이상 소비하지 않는 물건을 만드는 기업은 사라지기도 하니까.

지금은 사람들이 스마트폰이나 디지털카메라로 사진을 찍지만 20년 전만 해도 필름 카메라를 많이 사용했어. 당시 필름 카메라와 필름을 만들던 대표적인 기업은 '코닥'이었어. 코닥은 한때 세계적인 기업이었지만, 디지털카메라가 등장하고, 카메라 성능이 뛰어난 스마트폰까지 개발되는 바람에 판매량이 뚝 떨어졌어. 결국 2012년에 파산하고 말았단다.

지구상의 수많은 기업이 이와 같은 일을 겪어. 예전에는 영화를 보려면 영화관에 가거나 대여점에서 비디오테이프나 DVD를 빌려 보곤 했어. 하지만 요즘에는 대여점을 찾아 보기 힘들지. 온라인으로 동영상 서비스를 이용하는 사람이 많아졌기 때문이야. 우리의 소비 달라지면 생활이 바뀌고, 결국 사회의 모습도 변화하는 거지. 소비는 세상을 변화시킬 수 있는, 참 힘이 센 경제 활동인 거야.

함께 생각해요!

① 여러분은 '돈' 하면 무엇이 떠오르나요?

② 돈으로 할 수 있는 일에는 무엇이 있을까요?

③ 사람들이 예전에는 많이 소비했지만, 이제는 더 이상 소비하지 않는 물건에는 어떤 것이 있을까요?

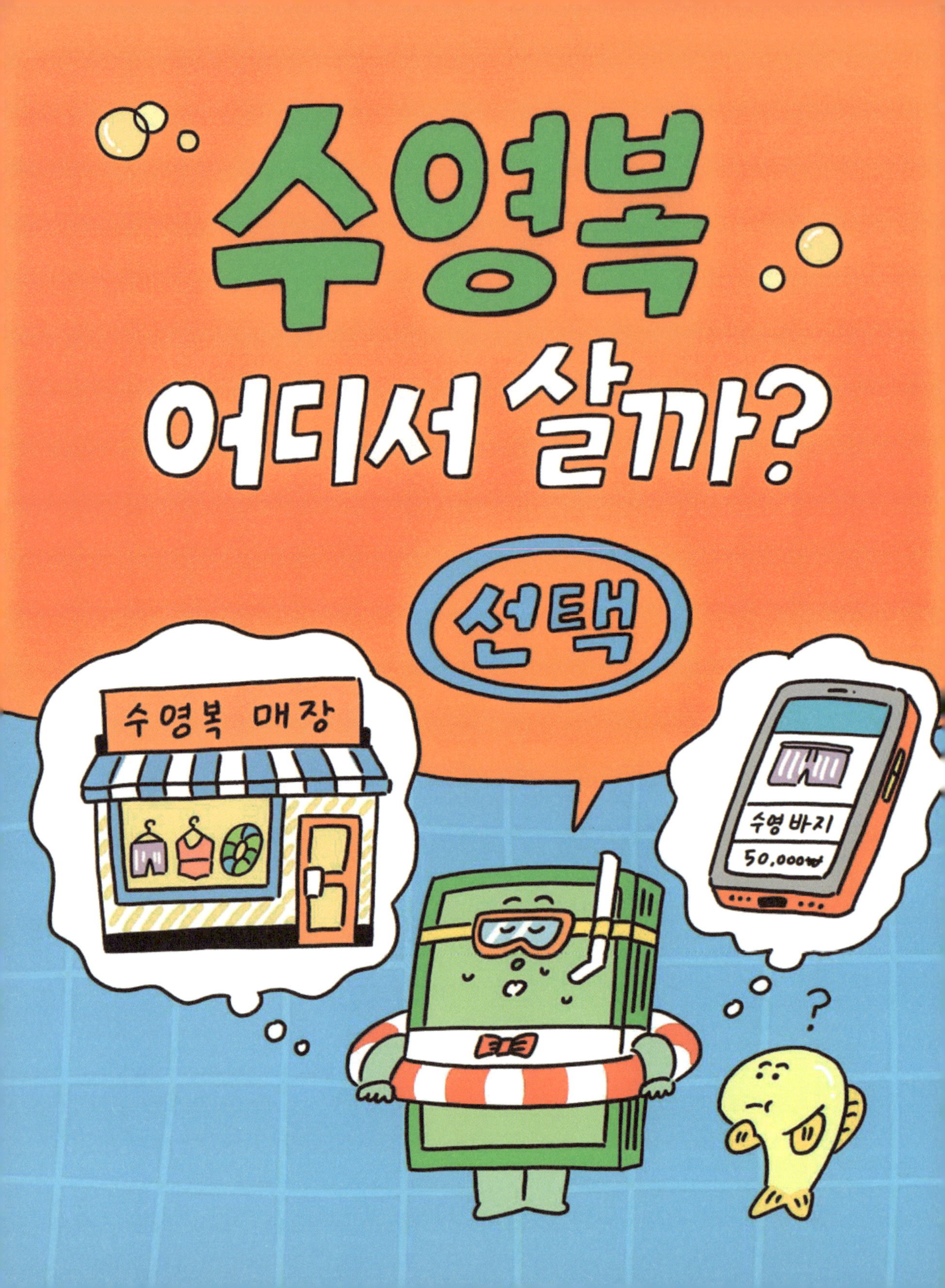

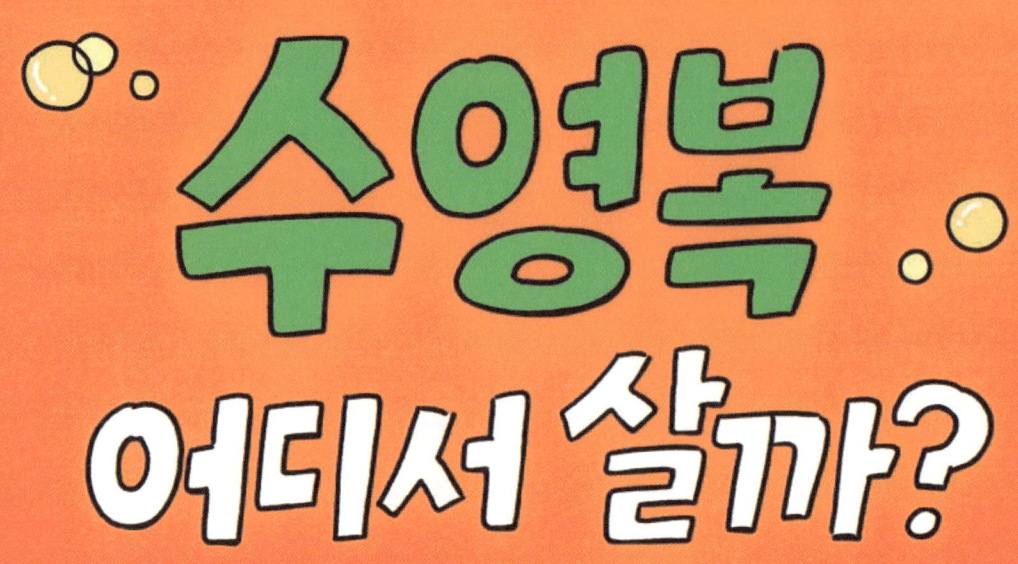

학교에서 생존 수영 수업을 하는데, 수영복이 작아 새것을 사야 해. 어떤 디자인의 수영복을, 어디서, 얼마에 살까? 내가 무엇을 더 중요하게 생각하느냐에 따라 나의 선택은 달라지고 최종적으로 입게 될 수영복이 결정돼.

우선 어디에서 구입할지 생각해 볼까? 마트나 백화점에 있는 매장에 갈지, 온라인 쇼핑몰에서 살지 말이야.

인터넷을 통해 구입하면 가격은 저렴하지만 입어 보고 살 수 없으니 자칫 사이즈가 안 맞을 수가 있어. 하지만 주문하면 현관 앞까지 배송되니까 편리함을 더 중요하게 여긴다면 온라인 쇼핑몰에서 구매할 거야.

그러나 여전히 직접 물건을 보고 사는 게 중요하다고 여기는 사람도 있지. 매장에 가서 물건을 고르면 시간이 더 들고 귀찮을 수 있지만, 내 몸에 딱 맞는 옷을 고를 확률은 높아져.

선택

수영복을 어디에서 살 것인지를 결정했다고 선택이 끝난 게 아니야. 이건 시작에 불과하지. 품질, 디자인, 브랜드도 살펴봐야 하고, 얼마짜리 수영복을 살 것인지도 결정해야 돼.

물건을 구입할 때 얼마 정도의 돈이 필요한지를 계획하는 것을 '예산 세우기'라고 하는데, 물건을 구입하기 전에 예산을 세우는 습관이 꼭 필요해. 그래야 내가 가지고 있는 돈 안에서 가장 좋은 선택을 할 수 있는 능력을 키울 수 있으니까.

우리는 언제나 선택을 위한 고민을 해. 영화관에 가서도 무엇을 볼지, 몇 시에 볼지, 어느 좌석에 앉아서 볼지를 고민하고 결국은 선택을 해야만 하지.

합리적 소비

영화관 매점에서는 어떤 선택이 최선일까? 어떤 사람이 팝콘을 살까 말까 고민하다가 사지 않기로 결정했어. 다이어트를 하는 중이어서 꾹 참기로 한 거지. 이 사람은 과연 최선의 선택을 했을까?

흔히 가장 좋은 선택은 적은 돈과 시간을 들여 큰 만족을 얻는 것이라고 해. 이를 '합리적 소비'라고 한단다. 내가 만족하지 않으면 아무리 돈과 시간을 아꼈다 하더라도 합리적 소비라고 말하기 어렵지. 만약 옆자리 사람이 맛있게 팝콘 먹는 걸 보며 영화 관람에 집중하지 못했다면, 팝콘을 사지 않은 선택이 잘못된 것이었을지도 몰라. 나에게 만족을 주는 것이 무엇인지 아는 사람일수록 더 나은 선택을 하게 되고, 현명한 소비자가 될 수 있지.

평소에는 깨닫지 못하지만, 우리는 수많은 선택을 하며 살아가고 있어. 매 순간마다 선택하는 과정을 반복해 왔기 때문에 익숙해져 눈치채지 못하는 것일 뿐이지. 사람들은 하루 동안 약 160회 정도의 선택을 한다고 해.

기회비용

우리는 왜 선택을 고민해야 할까? 그건 돈과 시간이 무한하지 않기 때문이야. 우리에게 써도 써도 계속 돈이 나오는 화수분이 있다면, 지나간 시간을 되돌릴 수 있고 흘러가는 시간을 담아 둘 수만 있다면 이런 고민은 필요 없겠지.

하지만 돈과 시간은 무한하지 않아. 특히 용돈은 항상 부족해 보여. 심지어 내가 명절에 받은 용돈인데, 부모님께서 잠시 맡아 주신다며 가져가실 때도 종종 있지. 시간 역시 마찬가지야. 돈이 많은 사람이건 없는 사람이건, 남자이건 여자이건, 하루 동안 주어진 건 24시간이지.

현명한 소비자가 되려면 나에게 가장 필요한 게 무엇이고, 지금 당장 필요 없는 것이 무엇인지를 고민해야 해. 먼저 하고 싶은 것, 먼저 하면 좋을 것을 순서대로 따져 보는 것을 '우선순위'라고 하는데, 우선순위를 잘 따지며 결정할수록 합리적 소비에 가까워진다고 볼 수 있어.

어느 하나를 선택한다는 건 다른 것을 소비하는 걸 잠시 미루거나 포기한다는 것을 뜻해. 용돈으로 만 원을 받았다고 가정해 볼까? 만 원으로 평소에 갖고 싶었던 무언가를 소비할 수도 있고, 우선 쓰지 않고 저축을 할 수도 있고, 북극곰을 살리기 위한 활동에 기부 할 수도 있어.

만약 소비를 선택했다면, 저축과 기부는 할 수 없어. 왜냐고? 돈이 부족하니까. 이렇게 하나를 선택함으로서 포기하게 된 것의 가격을 '기회비용'이라고 한단다.

함께 생각해요!

① 용돈으로 만 원을 받았다면 어떤 일을 가장 먼저 하고 싶나요? 그 이유는 무엇인가요?

② 나는 무엇을 할 때 행복한가요? 나를 행복하게 만들어 주는 일, 물건이 무엇인지 생각해 보세요.

유튜브 영상을 보다가 어쩔 수 없이 광고를 본 적이 있을 거야. 얼른 5초가 흐르고 화면을 넘기는 버튼이 나오기를 기다리지. 물론 어떤 날은 광고가 너무 재미있어서 나도 모르게 넋을 놓고 빠져든 적도 있을 거야.

　TV에서도 마찬가지야. 재미있게 보다가 결정적인 장면이 나오려는 찰나, 진행자는 이렇게 말하지. "광고 보고 오겠습니다!"라고 말이야. 이럴 땐 어쩔 수 없어. 결말이 궁금한 시청자는 광고가 끝날 때까지 기다릴 수밖에.

　이렇게 우리는 원치 않는 수많은 광고에 노출된 채 살아가고 있어. TV와 유튜브 시청 시간이 늘어나면 어쩔 수 없이 광고를 더 많이 보게 돼. 한 온라인 교육 회사에서 초등학생을 대상으로 조사를 해 보니, 매일 유튜브를 본다는 학생이 전혀 보지 않는 학생보다 세 배가 더 많더래. 유튜브 광고에 노출되는 친구가 그렇지 않은 친구보다 훨씬 더 많은 거야.

키즈 마케팅

 광고는 기업이 소비자에게 물건, 서비스 등의 상품을 알리는 하나의 방법이야. 물건을 더 많이 팔기 위해서, 또는 회사 이미지를 멋지게 만들기 위해 광고를 제작하지.

 그런데 오늘날 광고의 주 고객이 바로 너희들이라는 걸 알고 있니? 예전에는 부부가 결혼을 하고 가정을 꾸리면 자녀를 많이 두었지만, 요즘은 그렇지 않아. 한 자녀나 두 자녀 가정이 많고, 그만큼 부모는 자녀에게 더 좋은 것을, 더 많이 주려고 애를 쓰지. 그래서 물건을 구입할 때 이왕이면 자녀가 원하는 것을 사려는 경향이 있고, 기업은 이에 발맞춰 아이의 마음을 사로잡을 수 있는 광고를 만든단다.

 이렇게 어린이를 주 고객으로 광고를 만드는 걸 '키즈 마케팅'이라고 해. 광고에서 눈여겨본 물건을 마트에서 보면 사고 싶은 마음이 스멀스멀 생겨나. 지금부터가 정말 중요해. 이제 둘 중에서 하나를 선택해야 하거든. 광고에서 본 물건을 사 달라고 떼를 쓸지, 아니면 나에게 꼭 필요한 물건인지 따져 볼지 말이야.

충동구매

가족끼리 마트에 장을 보러 갔다가 1+1 상품이 보일 때, 계획에도 없던 걸 사는 일이 종종 있어. 지금 당장 사지 않으면 왠지 손해 보는 기분이 들어 일단 사고 보는 거지. 이렇게 계획에 없던 소비를 갑자기 하게 되는 걸 '충동구매'라고 해.

기업과 광고 회사는 소비자의 마음을 움직여 지갑을 쉽게 여는 방법을 매일 연구해. 그러니까 충동구매를 줄이려면 물건을 구입하기 전에 '이게 나에게 꼭 필요한 물건일까?' 하고 생각하는 습관을 갖는 게 좋아.

한 가지 더! 충동구매하려는 물건의 가격으로 내가 할 수 있는 일을 생각해 보는 거야. 앞에서 얘기했던 '기회비용' 생각나니? 내가 만 원짜리 몬스터 카드를 사면, 나는 만 원에 해당하는 무엇인가를 포기해야 해. 포기한 비용, 즉 기회비용을 따지는 습관을 기르면, 나에게 꼭 필요한 물건과 지금은 당장 없어도 되는 물건이 무엇인지를 구별하는 힘이 생긴단다.

나쁜 소비 습관 중에는 '과시적 소비'라는 것도 있어. 누군가 유튜브에 돈다발을 들고 흥청망청 소비하는 영상을 올렸어. 그걸 보는 사람 중에는 '우아, 나도 저렇게 되고 싶다!' 하고 느끼는 사람도 있고, '쯧쯧, 저렇게 소비하다가 언젠가 후회할 거야.'라고 생각하는 사람도 있겠지. 어쨌거나 과시적 소비는 나를 위한 것이 아닌, 남에게 보여 주기 위한 소비라는 측면에서 멋진 소비라고 보긴 어렵지.

함께 생각해요!

① 최근에 본 광고 중에서 기억에 남는 것이 있나요?

② 광고하는 상품을 갖고 싶다고 느낀 적이 있나요?

③ 나는 하루에 몇 개 정도의 광고에 노출되어 있을까요?

아무것도 사지 않는 날

소비를 지나치게 많이 하면 무슨 일이 생길까요? 개인적으로는 모으는 돈보다 쓰는 돈이 더 많아지겠죠? 그러면 물건 값을 지불할 돈이 없어 빌려 쓰게 되고, 결국 '빚'이 늘어날 거예요. 이번엔 사회 전체로 생각해 볼까요? 소비를 많이 한다는 건 그만큼 많은 물건을 생산한다는 뜻이기도 해요. 물건을 많이 살수록 기업은 더 많이 만들어 팔려고 할 테니까요.

지구에겐 반갑지 않은 일

물건이 끊임없이 생산되고 소비되면 일부 사람은 편리한 삶을 누리고 많은 돈을 벌 거예요. 하지만 지구에게는 전혀 반갑지 않은 일이지요. 물건을 만들기 위해서는 많은 에너지가 필요해요. 석탄, 석유와 같은 화석 연료를 태워야 하지요. 연료를 태우면 태울수록 지구의 환경은 오염될 수밖에 없어요. 게다가 우리가 소비한 물

'아무것도 사지 않는 날'은 매년 11월 마지막 주에 열려. 크리스마스와 연말연시 준비로 소비가 많아지는 시기에 맞춘 거지.

건 대부분은 시간이 지나면 쓰레기가 되어 지구 곳곳에 버려지지요.

쇼핑 중독에서 벗어나!

그나마 다행인 건 문제의 심각성을 깨닫고 소비를 멈춰야 한다고 생각하는 사람이 점차 늘어난다는 거예요. 1992년 캐나다의 광고인 데드 데이브는 '아무것도 사지 않는 날(buy nothing day)' 운동을 처음 시작했어요. 필요하지 않은 물건을 너무 많이 소비하면서 생기는 문제점을 알리고, 쇼핑 중독에 빠진 현대인의 생활을 바꿔 나가자는 취지였지요. 이 운동은 곧 세계 각국으로 퍼져 나갔고, 우리나라에서도 1999년부터 시작되었어요. 이날, 운동에 동참하는 사람들은 아무것도 사지 않는 건 물론 신용 카드 자르기, 핸드폰 꺼 놓기, 안 입는 옷 교환하기 등의 행사를 벌인답니다.

많은 사람들이 추운 겨울, 따뜻한 다운 패딩을 찾아. 다운 패딩은 오리나 거위의 솜털로 충전한 패딩 점퍼야. 얼마 전까지만 해도 겨울에 발목까지 내려오는 롱 패딩을 입는 게 유행이었지.

오리나 거위 한 마리에서 얻을 수 있는 털 양은 아주 적단다. 다운 패딩 한 벌을 만들기 위해서는 15~25마리의 털이 필요하대.

문제는 털을 얻는 과정이야. 다운 패딩에 들어가는 털은 오리와 거위 몸에서 자연스럽게 떨어져 나온 털이 아니야. 동물의 몸에 붙어 있는 털을 강제로 뽑은 거지. 살아 있는 상태에서 털을 뽑는 걸 '라이브 플러킹(live plucking)'이라고 하는데, 털만 뽑히는 게 아니라 살점도 같이 떨어져 나오는 경우가 많다고 해. 물론 상처를 치료해 가며 털을 뽑는 일은 없어. 오리와 거위는 오직 털을 얻는 대상일 뿐이거든.

옷을 만들어 파는 기업은 더 빨리, 더 많은 털을 얻는 걸 가장 중요하게 여겨. 동물이 겪는 고통은 뒷전이지.

라이브 플러킹

한 동물 보호 단체의 조사에 따르면 오리와 거위는 태어난 뒤 10주부터 털이 뽑히기 시작하고, 털이 다시 자라면 6주마다 이 끔찍한 과정을 반복해서 겪는대. 우리가 아무 생각 없이 사는 다운 패딩 때문에 매해 약 200만 마리의 오리와 거위가 희생되는 거지.

그러니 다운 패딩을 사기 전에 한 번쯤은 동물의 고통을 생각해 봐야 하지 않을까? 누가 내 머리카락을 장난으로 살짝 잡아 당겨도 아픈데, 아예 한 움큼 뽑혔다면 얼마나 고통스러울지를 말이야.

문제는 다운 패딩뿐만이 아니야. 우리가 조금 더 멋있어 보이기 위해, 조금 더 따뜻해지기 위해 입는 옷 때문에 목숨을 잃는 동물이 수없이 많아. 동물 털로 몸 전체를 덮는 코트를 만들 경우 라쿤은 40마리, 여우는 42마리, 밍크는 60마리, 수달은 20마리가 목숨을 잃게 된다고 해. 고작 옷 한 벌 때문에 말이야.

그렇다면 겨울이 사람과 동물 모두에게 행복한 계절이 될 수 있는 방법은 무엇일까? 우선 살아 있는 상태에서 털을 뽑는 건 멈춰야 하겠지? 라이브 플러킹을 하지 않고도 오리와 거위로부터 털을 얻을 수 있으니 말이야.

옷을 만드는 모든 과정에서 동물에게 고통을 주지 않았을 때, 그 옷에는 윤리적 다운 인증(RDS:Responsible Down Standard) 마크를 붙일 수 있어. 많은 소비자가 다운 패딩을 사기 전에 RDS 마크를 확인한다면, 동물에 대한 기업의 태도도 점차 바뀔 거야.

합성 섬유

 RDS 인증을 받은 옷도 결국 동물로부터 털을 얻어 만들어. 우리에게 다운 패딩 한 벌이 오려면, 농장에서 키운 오리와 거위를 도축할 수밖에 없지. 그러니 윤리적 다운 인증을 받은 옷을 사는 것보다 더 좋은 방법은 거위와 오리의 털로 채워지지 않은 옷을 입는 게 아닐까? 지금은 섬유 기술이 발달해서 오리나 거위 털만큼 따뜻한 소재가 많이 개발되었거든.

 그중 '웰론'이라는 합성 섬유로 만든 패딩은 보온성도 뛰어나고 가격도 저렴해서 사람들에게 큰 인기를 끌고 있지.

 하지만 합성 섬유 또한 완벽한 해결책은 아니야. 합성 섬유로 만든 옷은 세탁하는 과정에서 미세 플라스틱 조각이 떨어져 나가 강물과 바다를 오염시키거든.

물속에 사는 플랑크톤의 몸속으로 들어간 미세 플라스틱은 플랑크톤을 잡아먹는 상위 바다 생물의 몸속으로 들어가고, 결국 사람의 몸속까지 흘러 들어가게 되지.

　따라서 빨 때마다 지구를 오염시키는 합성 섬유를 대신할 친환경 소재 옷을 개발하고 생산해야 돼. 최근에는 파인애플 잎사귀로 섬유를 만들어 신발이나 가방 등을 만들거나, 오렌지 껍질로 섬유를 만들어 멋진 드레스를 짓기도 한다는구나.

　과연 동물과 환경을 보호할 수 있는 소비는 가능할까? 우리는 도대체 어떤 옷을 사 입어야 할까?

사실 우리가 할 수 있는 가장 효과적인 방법은 지금 있는 옷을 아껴 입고 불필요한 옷을 사지 않는 거야. 내가 좋아하는 연예인이 입었다고 해서, 우리 반 친구가 입었다고 해서 유행처럼 따라 사지 말자는 거지.

내가 가진 옷을 소중히 여기는 것! 이것만큼 좋은 방법은 없어. 나의 선택으로 인해 많은 동물의 생명을 살릴 수 있다면 이보다 더 멋진 옷은 없을 거야.

① 여러분이 생각하는 '좋은 옷'이란 무엇인가요?
② 사람과 동물이 다 함께 따뜻하고 행복한 겨울을 맞이할 수 있는 또 다른 방법을 생각해 보세요.

인증 마크를 확인해!

RDS (Responsibe Down Standard)

'책임 있는 다운 기준'이란 뜻으로 오리와 거위를 기르고 도축하여 깃털을 채취하는 과정에서 동물을 학대하지 않고, 고통을 최소화하려고 노력한 제품에 부여하는 인증이에요. 우리 집 옷장에 있는 옷 중 RDS 인증을 받은 옷이 있는지 찾아보세요.

GRS (Global Recycled Standard)

'국제 리사이클 기준'이라는 뜻으로 버려지는 버려진 이불, 베개, 페트병 등에서 섬유를 얻어 만든 제품에 부여하는 마크예요. 최근 ZARA, H&M, 나이키, 아디다스 등 세계적인 패션 기업이 리사이클 섬유의 사용량을 늘려 나가겠다는 발표를 했지요.

파인애플 잎사귀에서 실이 나왔어!

파인애플로 만든 섬유, 피나텍스

스페인 출신 카르멘 히요사는 필리핀에 있는 파인애플 농장에서 대량으로 버려지는 파인애플 잎사귀를 보고 '저걸로 질기고 강한 섬유를 만들 수 있지는 않을까?' 하고 생각했어요. 오랫동안 가죽 제품 전문가로 일했던 카르멘은 가죽을 만드는 과정에서 동물이 고통받고 환경 오염이 일어난다는 걸 잘 알고 있었지요.

마침내 2014년, 파인애플 잎사귀로 만든 섬유인 피나텍스가 개발되었어요. 피나텍스는 눈으로 보고 손으로 만졌을 때 가죽과 매우 흡사해요. 때문에 옷뿐만 아니라 가방, 구두 등을 만드는 데도 널리 쓰여요. 전 세계에서 해마다 버려지는 파인애플 잎사귀는 1,300만 장 정도 되는데, 다 모으면 축구장 7만 7천 여 개를 덮을 수 있는 피나텍스를 만들 수 있대요.

버려지는 파인애플 잎사귀의 가치를 알아본 한 사람 덕분에 우리는 윤리적 소비에 동참할 수 있는 또 하나의 방법을 알게 되었지요.

비글이 위험해!

동물실험

다들 한 번쯤 치과에 가 봤을 거야. 치과 가는 걸 좋아하는 친구는 거의 없겠지? 소독약 냄새만 맡아도 왠지 모르게 두렵고, 의자에 앉는 것부터 좀 겁나잖아.

그런데 태어나자마자 소독약 냄새가 진동하는 실험실에서 길러지는 동물들이 있어. 그 숫자도 아주 많단다. 이 동물들은 고통스러운 실험의 대상이 되는데, 2018년 한 해 동안 우리나라에서만 약 373만 마리가 동물 실험 대상이 되었대. 하루 평균 1만 마리가 넘는 동물이 실험대 위에 올라가는 거지.

더 큰 문제는 해가 갈수록 동물 실험이 늘어나고 있다는 점이야.

신약 개발

　동물 실험이란 동물에게 여러 가지 물질을 실험해 그 물질이 생물에게 어떤 영향을 미치는지 연구하는 거야. 사람을 제외한 거의 모든 동물이 실험 대상이 되지.

　동물 실험 과정은 매우 고통스러워. 독극물과 같은 해로운 물질을 일부러 몸에 넣거나 바르기 때문이야. 심지어 세 마리 중 한 마리는 고통을 줄여 주는 진통제를 쓰지도 않고, 극심한 고통을 느끼는 상태에서 실험 대상이 되고 있어.

　그렇다면 왜 이렇게 많은 동물이 고통받을까? 동물 실험은 주로 새로운 약을 개발할 때 이루어져. 사람에게 사용하기 전, 인체에 해롭지 않은지 알기 위해서지. 인간이 새로운 약을 복용했을 때 오히려 병이 악화 될 수도 있고, 치명적인 부작용이 나타날 수 있으니 미리 알아보려는 거야.

　하지만 동물 실험을 통해 개발된 약이 안전성을 입증받았다 하더라도 정말 인간에게 해가 없는지를 확신하기는 어려워.

　동물 실험에서는 아무 이상이 없었는데, 사람에게 심한 부작용이 나타난 약도 있었거든. 지금으로부터 약 65년 전, '탈리도마이드'라는 약이 임산부의 입덧을 줄여 준다고 알려졌어. 입덧이라는 건 임신 중에 구토를 느끼는 증상을 말해. 많은 임산부가 입덧에 좋다는 말에 탈리도마이드를 복용했단다.

그런데 다음 해부터 팔다리가 짧거나 아예 없는 기형아가 태어나기 시작했어. 약 46개 나라에서 1만 명이 넘는 기형아가 태어나는 일이 벌어졌단다. 조사 결과 기형아를 출산한 엄마들이 하나같이 탈리도마이드를 먹었다는 사실이 밝혀졌지.

너무나 많은 부모와 아이들이 고통받고 나서야 사람들은 값진 교훈을 얻을 수 있었어. 동물 실험이 완벽한 안전장치가 아니라는 것을 말이야.

화학 제품

새로운 약을 만들 때만 동물 실험을 하는 게 아니야. 우리가 일상에서 매일 쓰는 화학 제품도 소비자에게 판매하기 전에 동물 실험을 거쳐 우리에게 온단다. 흔히 사용하는 샴푸, 로션 같은 제품 말이야.

그리고 이로 인해 많은 동물이 고통받고 있지. 보통 실험 동물이라고 하면 흰쥐 정도를 떠올려. 하지만 쥐 말고도 기니피그, 햄스터, 토끼, 원숭이, 개, 고양이, 새 등등 아주 다양한 동물이 매일 차가운 실험대 위에 올라가고 있어.

특히 개 중에서도 '비글'이 주로 실험 대상이 되는데, 비글이 사람을 잘 물지 않고, 낙천적이기 때문이래. 너무 착해서 실험 대상이 된다니 정말 가슴 아픈 일이야.

너희도 샴푸로 머리를 감을 때 눈을 꼭 감지? 샴푸가 눈에 들어가면 따가우니까 말이야. 그런데 샴푸가 눈에 얼마나 나쁜 영향을 미치는지 실험하려고, 비글의 눈에 계속 샴푸 물을 쏟는대. 그러다 눈이 멀어 버리는 비글도 많다고 해.

그나마 다행인 건 이런 비윤리적인 동물 실험에 반대하고, 동물 실험으로 고통받는 비글을 구조하는 단체가 있다는 거야. 하지만

동물 보호 단체가 한 해 동안 실험실에서 구조한 비글은 단 몇십 마리뿐이야. 실험실에서 고통받는 비글은 15만 마리인데 말이야. 구조되지 못한 동물은 어떻게 되냐고? 실험이 끝난 뒤에 안락사를 당해. 인간이 제멋대로 동물의 생명을 다루는 거지.

화장품

화장품에 대한 동물 실험은 우리나라에서 법으로 금지되어 있어. 하지만 화장품을 수출하는 나라의 상황에 맞춰 허용되기도 해. 예를 들어 중국에 화장품을 수출하려면 반드시 동물 실험을 해야만 해. 중국에 화장품을 판매하는 우리나라 화장품 기업은 여전히 동물 실험을 하고 있는 거야.

마스카라는 속눈썹이 길고 풍성해 보이도록 하는 화장품이야. 마스카라 역시 사람들에게 판매하기 전에 오랫동안 발라도 안전한지를 실험하는데, 토끼를 실험 대상으로 삼아.

먼저 작은 상자 안에 토끼를 넣고 움직일 수 없게 단단히 묶어. 심지어는 눈꺼풀을 클립으로 고정해서 눈을 깜박일 수도 없게 해. 그 상태에서 며칠 또는 몇 주에 걸쳐 실험을 하는 거야. 바르고 지우고, 또 바르고 지우고. 그러다 토끼 눈에 염증이 생기고, 눈이 멀기도 하지.

인간의 욕심 때문에 실험대에 올라가는 동물은 전 세계적으로 약 15억 마리 정도 된대. 정말 엄청나게 많은 숫자지?

동물 실험을 줄이기 위해서는 동물과 관련된 법을 제대로 만들어야 해. 법을 바꾸려면 우선 사람들이 뜻을 모아야 하지. 동물 실험에 반대하는 사람들은 4월 24일을 세계 실험 동물의 날로 정해서, 동물 실험의 비윤리성을 알리고 있어. 덕분에 점차 많은 소비자가 동물 실험을 하지 않은 제품을 찾고 있지.

다행히 화장품 기업 중에도 동물 실험을 하지 않는 기업이 점차 늘어나고 있단다. 이런 화장품을 '착한 화장품' 또는 '비건(채식주의자) 화장품'이라고 해.

착한 옷에 'RDS 인증'을 부여하는 것처럼, 착한 화장품에는 '크루얼티 프리(Cruelty Free)'라는 인증을 부여해. 일반적으로 토끼의 모습이 그려져 있는데, 화장품 안전성 실험 대상이 되는 동물 중 토끼가 많기 때문이야. '크루얼티 프리'는 말 그대로 화장품 안에 잔인함이 들어 있지 않다는 거야. 동물 실험을 거치지 않았거나 동물성 원료가 들어가지 않은 제품을 가리켜.

제품으로 동물 실험을 하는 것도 문제지만 <mark>화장품을 만들 때 동물성 원료를 쓰는 것도 큰 문제란다.</mark> '콜라겐'은 사람들이 먹기도 하고, 피부에 바르기도 하는 물질이야. 콜라겐은 동물의 피부와 뼈에서 얻는데, 우리가 콜라겐을 먹고 바를수록 더 많은 동물이 희생될 수밖에 없어. 하지만 콜라겐이 아닌 식물성 오일 성분으로 만들어진 화장품을 구매한다면 그 희생을 조금 줄일 수 있을 거야.

화장품 브랜드인 '더바디샵'은 최초로 동물 실험을 반대하는 캠페인을 시작한 기업이야. 1993년 동물 실험을 반대하는 400만 명의 서명을 유럽 연합에 전달하며 동물 실험 반대 캠페인을 시작했지.

우리나라에도 착한 화장품 브랜드를 만드는 기업이 늘고 있어. 기업이 점차 착한 화장품에 관심을 갖는 건 착한 화장품을 찾는 윤리적 소비자가 늘고 있기 때문이야. 특히 1980년대 이후에 태어난 '밀레니얼 세대'와 1995년 이후에 태어난 'Z세대'는 특히 환경과 동물 복지 문제에 관심이 많아. 이처럼 착한 소비에 관심을 갖고 구매

하려는 소비자가 많아진 덕분에 크루얼티 프리 인증을 받은 화장품은 갈수록 더 많이 팔리고 있지.

생산과 소비는 서로 연결되어 있다고 했던 말 기억나니? 소비자의 선택이 변하면, 기업도 달라질 수밖에 없어. 우리가 사지 않으면 기업도 소비자의 바뀐 생각과 취향을 받아들이고 더 이상 나쁜 화장품을 만들지 않을 테니 말이야. 소비는 기업이 물건을 만드는 방식을 바꾸고, 더 나아가 세상을 변화시키는 강력한 활동이야.

함께 생각해요!

① 동물 실험을 줄이거나 없앨 수 있는 방법이 있을까요?
② 내가 할 수 있는 착한 소비를 생각해 보아요.

크루얼티 프리

'크루얼티 프리' 마크는 화장품과 비누, 치약, 세제 같은 생활용품 중 동물 실험을 하지 않고, 동물 원료를 쓰지 않는 제품에 부여되어요. 주로 토끼 모양 마크가 쓰인답니다.

Cruelty Free (크루얼티 프리)

세계적인 동물 보호 단체인 PETA에서 인증하는 마크예요. '학대(cruelty)가 없다(free)'는 뜻이에요.

Leaping Bunny (리핑 버니)

1996년 북아메리카 여덟 개 동물 보호 단체가 모여 만들었답니다. 원료에서 완제품까지 동물 실험이 없다는 걸 증명하고, 이 원칙을 지켜 나간다는 약속을 해야 해요.

Not Tested on Animals

오스트레일리아의 동물 실험 반대 단체인 CCF에서 인증하는 마크예요. 동물 실험을 하지 않았다는 뜻이에요.

2월 14일은 발렌타인데이야. 이날 가족이나 친구에게 초콜릿을 선물해 본 사람 있니? 사실 발렌타인데이는 일본의 한 초콜릿 회사가 판매를 늘리기 위해 일부러 만든 날이야. 이걸 아는 사람도, 모르는 사람도 아무튼 많은 사람들이 초콜릿을 사고 있어. 초콜릿 광고가 만든 행복하고 사랑스러운 이미지에 빠져든 거지.

초콜릿의 주원료는 카카오 열매야. 하지만 카카오 열매를 직접 본 사람은 거의 없을 거야. 혹시 어딘가에서 카카오 열매를 직접 보더라도, 그 열매에서 갈색 초콜릿이 만들어진다는 걸 믿기는 어려울 거야. 초콜릿의 주원료는 열매 안에 들어 있는 카카오 콩인데, 원래 하얀색이거든.

키가 큰 카카오나무에서 열매를 따고, 그 열매 속에 들어 있는 하얀 콩을 꺼내 며칠 익게 두었다가 말리고 볶아야 비로소 초콜릿의 주원료인 갈색의 '카카오닙'을 얻게 돼. 이 카카오닙에 어떤 재료를 넣느냐에 따라 초콜릿 맛은 조금씩 달라지지.

아동 노동

카카오닙을 얻으려면 우선 키 큰 카카오나무에 올라가야 해. 그리고 '마체테'라고 하는 낫처럼 생긴 커다란 칼로 가지를 내리쳐서 열매를 땅으로 떨어뜨려야 하지. 열매를 다 따면 땅으로 도로 내려와 카카오 열매가 달린 또 다른 나무를 찾아 올라가.

아프리카의 서남쪽에는 코트디부아르와 가나가 있는데, 이 두 나라가 전세계 카카오 생산량의 절반 이상을 차지하고 있어. 두 나라의 카카오 농장에서는 약 220만 명의 아이들이 카카오 열매를 따고 있지. 2019년에 우리나라에서 태어난 아이들이 약 30만명 정도인데, 그보다 7배나 많은 숫자야.

이 아이들은 아파트 3~4층 높이의 카카오나무를 하루에도 수십 번 올라가. 마체테를 휘둘러 열매를 따기도 하지만, 벌레들이 카카오 열매를 갉아먹지 못하도록 농약과 살충제를 뿌리는 일까지 하고 있지.

이곳에서는 왜 어른도 하기 힘든 일을 아이에게 시키는 걸까? 그건 우리가 마트에서 사 먹는 초콜릿 때문이야. 정확히 말하자면 우리가 사 먹는 초콜릿을 만드는 기업들 때문이지.

일반적으로 기업은 물건을 최대한 값싸게 만들어서 비싸게 팔려

고 노력해. 만약 가격이 비싸서 소비자가 외면한다면, 상품을 팔기 어렵겠지? 보통 소비자는 가격이 싼 것을 더 선호하니까.

기업이 초콜릿을 저렴한 가격으로 팔면서 이익을 챙기려면, 초콜릿의 주원료인 카카오를 최대한 싸게 구입하는 게 좋을 거야. 그런데 싸게 사도 너무 싸게 구입하려다 보니, 문제가 생기고 있어.

카카오 열매는 따는 것도 쉽지 않지만, 열매 속의 씨를 얻고 발효시키는 과정은 더 까다로워. 그래서 반드시 사람 손이 필요한데, 사람을 많이 고용하려면 인건비가 높아지지. 그래서 많은 기업이 이 문제를 해결하기 위해, 인건비가 낮은 아이들을 고용해 일을 시키고 있는 거야.

공정

사람들은 물건을 살 때, 그 물건의 값을 돈으로 치뤄. 우리가 낸 돈은 그 물건이 나에게 올 수 있게 한 모든 사람에게 골고루 돌아가야겠지.

물건 하나에는 주원료를 재배하고 수확하는 사람들, 거래하고 운송하는 사람들, 공장에서 가공하는 사람들, 물건을 팔기 위해 상점으로 운반하는 사람들, 더 잘 팔리도록 광고하고 판매하는 사람들, 그리고 이 과정이 잘 돌아가도록 계획하고 관리하는 사람들 모두의 수고가 담겨 있으니까.

초콜릿 값이 1000원이라고 가정해 보자. 얼마씩 나눠 가져야 공정하다고 말할 수 있을까? 참고로 공정하게 나눈다는 건 일한 만큼의 대가를 받는다는 얘기야. 누구나 그 결과를 받아들일 수 있어야 하지.

1000원을 여러 사람에게 공정하게 나누는 게 어렵다면, 카카오 농장에서 일하는 사람에게 얼마를 주어야 할지 생각해 보자. 100원 정도일까? 아니면 200원 정도일까?

카카오 열매가 없다면 초콜릿은 만들 수 없어. 그렇다면 300원 정도면 공정할까? 아니면 절반 정도는 농부에게 돌아가야 할까?

　놀라지 마. 실제로 카카오 농장에서 일하는 사람에게 돌아가는 돈은 1000원 중 50원도 되지 않아. 게다가 이건 한 사람 한 사람에게 주어지는 돈이 아니라, 농장 전체에 주어지는 몫이란다. 그래서 농장에서는 인건비를 줄이기 위해 고용을 줄이거나 임금이 낮은 아이에게 일을 시키는 거야.

　반면 초콜릿을 만드는 기업과 카카오 열매를 거래하는 무역업자는 1000원 중에서 700원~800원 정도를 갖는대.

기업의 횡포

처음엔 많은 사람이 달콤한 초콜릿 속에 숨겨진 억울한 사연을 알지 못했어. 초콜릿을 만들어 파는 기업은 소비자에게 이런 이야기를 들려주지 않거든. 사람들이 몰라야 초콜릿의 원료인 카카오 열매를 더 싸게 들여올 수 있으니까.

더 많은 돈을 벌기 위해 아이들에게 힘든 일을 시키고 있다는 사실이 알려지면 사람들의 비난이 커지고, 회사 이미지는 나빠질 수밖에 없어. 실제로 소비자는 생산 과정을 속이거나, 보이지 않는 곳에서 비윤리적인 일을 일삼는 기업에 대해 종종 '불매 운동'을 벌인단다.

우리가 조금만 힘을 모으면 카카오 농장 농부들은 일한 만큼 대가를 받고, 코트디부아르와 가나의 아이들은 나무에 오르는 대신 책상에 앉아 공부할 수 있어. 아동 노동으로 만든 상품 대신, 공정 무역 상품을 산다면 말이야. 공정 무역 초콜릿을 구매하면 생산자에게 돌아가는 몫은 두 배 정도로 커지기 때문이지.

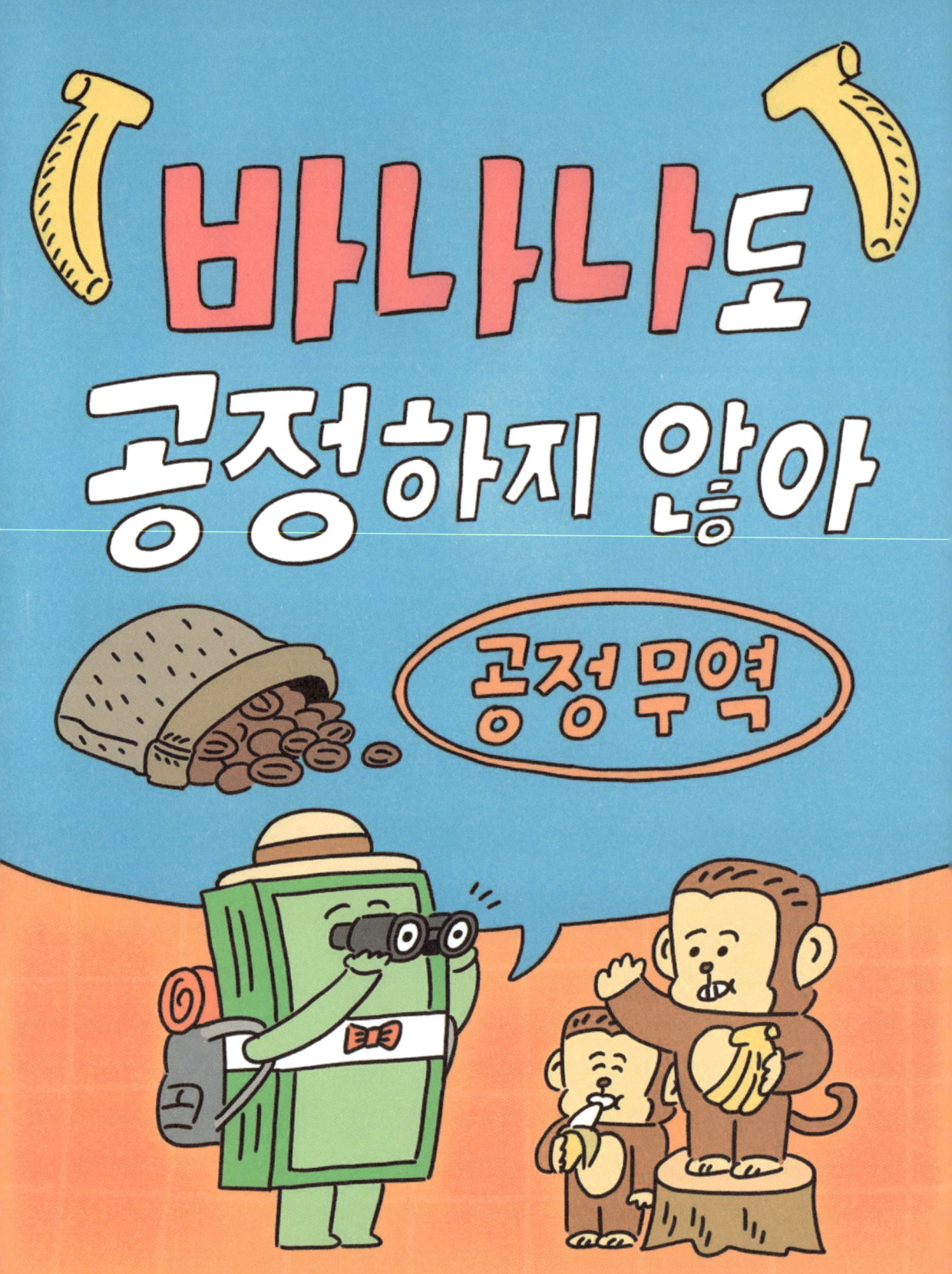

우리 반을 대표할 달리기 선수를 뽑기로 했어. 원래 우리 반에서 가장 빠른 친구는 A인데, 요즘 연습을 열심히 한 B가 가장 빨리 결승선으로 들어왔지. 이때 달리기 반 대표는 누구를 뽑아야 할까? 원래 달리기가 빠른 A일까, 이날 시합에서 1등을 한 B일까?

물론 B가 되어야 하겠지. 아무리 A가 달리기를 잘 하더라도, 이날 달리기 시합을 통해 반 대표를 뽑기로 약속을 했고, 그 결과 B가 1등을 했으니까.

만약 시합에서 1등을 한 B가 아니라 평소 달리기를 잘하는 A를 반대표로 뽑는다면 B는 어떤 마음이 들까? 또 그 결과를 지켜보는 다른 친구들은 어떤 생각을 하겠니?

B는 화가 나고, 슬프고, 짜증나겠지. 무엇보다 억울한 마음이 클 꺼야. 1등이 반대표가 될 거라고 약속했는데, 그 약속을 어겼으니 말이야. 공정하지 못한 결과를 지켜본 아이들도 더 이상 노력하고 싶지 않을 거야. 원래 잘하는 아이만 주인공이 되니, 노력이 소용없다는 생각이 들 수밖에.

살충제

전 세계적으로 가장 많이 생산되는 과일인 바나나도 공정하지 못한 상품 중 하나야. 3,000원 정도 하는 바나나 한 송이를 팔았을 때, 농장에서 일하는 사람에게 돌아가는 돈은 단 100원뿐이야.

바나나를 재배하는 환경도 매우 열악하단다. 바나나는 상하기 쉬운 과일이라서, 재배할 때 엄청난 양의 살충제를 살포한대. 안타까운 건 농장에서 일하는 사람도 이 살충제를 고스란히 맞고 있다는 거야. 바나나를 판매하는 거대 기업이 돈을 아끼기 위해 농부에게 보호 장비를 제공하지 않기 때문이야.

농부들은 오랫동안 살충제에 노출됐고, 그 결과 여러가지 병을 앓기 시작했어. 심한 피부병이 생기고 암이 발병하기도 했지. 심지어 많은 아이들이 심각한 병을 지닌 채 태어났고, 아이를 갖지 못하는 사람도 생겨났어.

공정 무역

나라와 나라가 물건을 거래하는 걸 '무역'이라고 해. 공정 무역이란 무역을 할 때, 물건을 만든 생산자에게 그들이 일한 만큼의 정당한 대가를 주어야 한다고 주장하는 사회적 경제 운동이야.

당연한 얘기지만 자주 무시되다 보니 요즘은 '공정 무역 상품'을 따로 구별해서 판매하고 있어. 특히 커피, 초콜릿, 설탕, 홍차, 면화는 세상에서 가장 공정하지 않게 거래되는 물품들이기 때문에 구매할 때 잘 살펴봐야 해.

정부, 기업, 시민 모두가 공정 무역에 관심을 갖고, 공정 무역 상품을 적극적으로 소비하면 생산 환경은 보다 나아질 수 있어. **농장에서 일하는 사람들이 노력한 만큼의 대가를 받을 수 있고, 아이들은 목숨 걸고 일하는 대신 공부하며 그들의 미래를 준비할 수 있지.** 결국 더 나은 세상을 만들 수 있는 거야.

공정 무역 상품은 인증 마크로 쉽게 찾을 수 있어. 〈자연드림〉이나 〈한살림〉, 〈두레생협〉 등의 친환경 생활 협동조합에서는 공정 무역 상품을 활발하게 판매하고 있지.

최근에는 대형 마트에서도 공정 무역 제품 판매가 늘어나고 있단다. 공정 무역 상품을 찾아 구매하려는 소비자가 늘어났기 때문에 나타난 변화야.

　인터넷을 이용해 우린 더 쉽게 착한 소비, 윤리적 소비에 동참할 수 있어. 〈국제공정무역기구〉, 〈한국공정무역협의회〉 등의 홈페이지나 인터넷 쇼핑몰에서 내가 사려는 물건 앞에 '공정 무역'을 붙이고 검색만 하면 상품을 찾을 수 있지.

공정 무역 마크

공정 무역 마크는 아주 다양해요. 전 세계적으로 공정 무역을 위해 일하는 단체가 많기 때문이지요. 대부분 '공정하다'는 뜻을 담은 영어 단어 'Fair'가 포함되어 있고, 더불어 살아가자는 의미를 담은 그림이 많아요.

Fair trade International (국제 공정 무역 기구)

다양한 공정 무역 마크 중에서 국제 공정 무역 기구의 마크는 2020년, 가장 효력 있는 마크로 선정되었어요. 사람이 한쪽 팔을 치켜들고 환호하고 있는데, 이는 공정 무역 생산자들의 희망을 의미해요.

WFTO

Fair for Life

Naturland Fair

Small Producers' Symbol (spp)

Biopartenaire

Fair trade certified

주변에서 플라스틱으로 만든 물건을 찾아 볼래? 어떤 것들을 발견했니? 볼펜, 물통, 빗, 칫솔⋯ 참 많지? 우리는 플라스틱으로 가득한 세상에서 살아가고 있어. 심지어 지금 플라스틱을 입고 있을지도 몰라.

옷 안에 달려 있는 라벨을 살펴봐. 혹시 '폴리에스테르'라고 적혀 있다면, 플라스틱을 입고 있는 거야. 섬유는 크게 자연에서 얻는 천연 섬유와 석유에서 뽑아낸 원료로 만든 합성 섬유로 나뉘는데, 목화솜에서 얻는 면, 누에고치에서 얻는 실크, 동물의 털에서 얻는 울 같은 것은 천연 섬유야. 폴리에스테르, 나일론, 아크릴 등은 합성 섬유인데, 합성 섬유를 만드는 원료는 플라스틱을 만드는 원료와 같단다. 비닐이나 랩, 스티로폼 역시 플라스틱이야.

150년 전만 해도 지구에는 플라스틱으로 만들어진 물건이 존재하지 않았어. 당시 화학자들은 새로운 화학 물질을 만드는 데 열중하고 있었어. 그러다 플라스틱으로 만든 당구공이 첫 선을 보였는데, 이것이 대중적으로 큰 사랑을 받으며 플라스틱 시대가 시작되지. 원래 당구공은 코끼리 상아로 만들었단다. 하지만 상아를 구하기 어려워지자 이를 대체할 플라스틱 당구공이 개발된 거야.

플라스틱

플라스틱이 발명되자 사람들은 열광했어. 가벼우면서도 단단하고 어떤 모양으로도 만들 수 있으니까. 곧 유리, 나무, 동물 가죽 등을 대신해 많은 물건이 플라스틱으로 만들어지기 시작했지.

이때까지만 해도 사람들은 몰랐어. 수백 년이 지나도 썩지 않는 플라스틱이 지구의 골칫덩이가 될 줄 말이야. 썩지 않고 튼튼해서 고마운 플라스틱이었지만, 지금은 썩지 않는 성질 때문에 문제가 심각해졌지. **150년 전부터 지금까지 차곡차곡 쌓인 플라스틱 쓰레기로 지구는 몸살을 앓고 있으니까.** '플라스틱 지구'라는 말이 등장할 정도로 말이야.

대부분 사람들은 버려진 플라스틱의 절반 이상이 재활용이 된다고 생각해. 열심히 분리수거도 하고 있으니 말이야. 하지만 이건 착각이란다. 실제로 재활용되는 플라스틱은 10개를 버렸을 때, 2개 정도밖에 되지 않아. 카페에서 많이 사용하는 일회용 용기는 재활용할 수 없는 플라스틱 중 하나래.

쓰레기 섬

플라스틱 쓰레기들은 어디에서 어떻게 처리되는 걸까?

재활용하지 못하는 플라스틱 쓰레기를 처리하는 방법은 세 가지야. 땅에 묻거나, 불에 태우거나, 바다에 버리는 거지. 매년 약 2천만 톤의 플라스틱 쓰레기가 바다로 흘러 들어가고 있대. 이건 평균 몸무게가 40kg인 초등학교 5학년 학생들이 5억 명 모였을 때와 같은 무게란다. 어마어마하지 않니? 환경 단체들은 이렇게 버리다가는 2050년이 되면 바다에 물고기보다 플라스틱 쓰레기가 더 많아질 거라고 경고하고 있어.

우리나라 남동쪽 바다는 거대한 대양, 태평양과 이어져 있어. 태평양에는 지도에도 없는 쓰레기 섬이 있단다. 이 쓰레기 섬의 이름은 GPGP(Great Pacific Garbage Patch)인데, 우리나라 면적의 15배나 된대. 해류와 바람을 따라 바다 곳곳을 떠돌아 다니던 쓰레기가 한데 모여 생긴 것으로, 1997년 찰스 무어 선장이 처음 발견했어. 찰스 무어는 요트를 타고 태평양 바다를 건너다 가도 가도 끝없이 펼쳐지는 쓰레기

더미를 발견했지. 충격을 받은 찰스 무어는 이후 해양 환경 운동가로 활동하며 계속해서 해양 오염의 실태를 고발하고 있단다.

환경 운동가들은 쓰레기 섬 GPGP는 하나의 정식 국가와 다름없다며 '더브리(쓰레기 잔해)'라고 불리는 화폐, 시민들을 위한 여권, 심지어는 페트병이 그려진 국기까지 만들어 플라스틱 쓰레기의 심각성을 알리고 있어. 지구에는 이런 쓰레기 섬이 다섯 개나 있대.

우리나라 바다도 쓰레기로 몸살을 앓고 있어. 충청남도 태안군 앞바다에서 한 어선이 수면 위로 떠오른 폐어구, 스티로폼, 플라스틱 등 해양 쓰레기를 수거하는 모습이야.

패스트 패션

많은 사람이 물건을 쉽게 사고 쉽게 버려. 망가져서 버리기도 하지만, 유행이 지나거나 싫증이 나서 버릴 때가 더 많지.

우리가 쉽게 사고 버리는 것 중 하나가 옷이야. 유행이 변하는 속도가 점점 빨라지는 바람에, 새로운 디자인의 옷이 하루가 멀다 하고 쏟아지니까. 이런 현상을 '패스트 패션(fast fashion)'이라고 한단다.

유행이 지나간 자리에는 옷 쓰레기가 한가득 남지. 전 세계에서 버려지는 옷 쓰레기의 양은 9,200만 톤으로, 1초에 쓰레기 트럭 한 대 만큼의 옷이 버려지는 셈이야.

요즘 옷은 대부분 합성 섬유로 만들어져. 더 빨리, 더 저렴하게 옷을 만들 수 있으니 패스트 패션과 찰떡궁합인 셈이지. 몇 천 원만 있으면 티셔츠 한 장을 살 수 있으니 사람들은 쉽게 사고, 또 쉽게 버리는 거야.

하지만 합성 섬유로 만들어진 옷은 앞에서 이야기한 것처럼 세탁할 때 문제가 발생해. 빨 때마다 옷에서 미세 섬유들이 떨어져 나오는데, 워낙 크기가 작아서 제대로 걸러내는 게 힘들거든.

결국 이 미세 섬유는 바다로 흘러가 바닷물을 오염시킨단다. 플라스틱 쓰레기뿐만 아니라 내가 입는 옷도 지구를 망가뜨리는 원인이 될 수 있다는 걸 명심해야 돼.

분리수거

더 많이 소비하면 더 많이 버릴 수밖에 없어. 대형 마트에서 쇼핑 카트 가득 물건을 산 뒤, 집에 와서 포장을 뜯고 나면 쓰레기가 한 가득 쌓이는 것처럼 말이야.

하지만 집에 쓰레기가 쌓였다고 걱정하는 사람은 없어. 집 밖에 내다 버리면 되니까. 그렇게 우리는 계속해서 쓰레기를 눈앞에서 치우고는 다시 물건을 사서 포장을 뜯고 쓰레기를 버리는 일을 반복하고 있지.

내가 버린 쓰레기를 평생 집에 모아 두어야 한다면 지금처럼 이렇게 많이 사고, 쉽게 버릴 수 있을까? 아마 한 개를 사면 한 개를 더 준다고 하더라도 쉽게 소비하지 못할 거야. 다들 물건을 보자 마자 걱정부터 할 테니까. '저 물건에서 나온 쓰레기는 어디에다 두지?' 하고 말이야.

일주일마다 우리 집 쓰레기통이 깨끗하게 비워진다고 해서, 쓰레기가 이 세상에서 사라지는 건 아니야. GPGP 쓰레기 섬처럼 지구 어딘가에는 내가 버린 쓰레기 흔적이 고스란히 남아 있지. 나의 무분별한 소비가 지구를 오염시킨다는 걸 잊으면 안 돼.

분리수거를 잘하면 쓰레기 문제가 해결될 거라고 생각하지만, 우리가 버리는 쓰레기 대부분은 재활용되지 않아. 결국 쓰레기를 줄이는 가장 좋은 방법은 쉽게 사지 않고, 많이 사지 않는 거지. 장바구니에 물건을 담기 전에, 지갑을 열기 전에, 한 번씩 이런 질문을 던져 보는 건 어떨까? '이 물건은 어디에서 왔을까, 그리고 어디로 갈까?' 하고 말이야.

함께 생각해요!

① 나의 소비 생활을 돌이켜 보아요. 불필요한 소비를 한 적이 있었나요?

② 적게 버리려면 적게 사야 해요. 적게 사는 습관을 가지려면 어떤 노력을 해야 할까요? 소비를 줄일 수 있는 좋은 방법을 생각해 보세요.

미세 플라스틱

바다에 버려진 플라스틱은 시간이 지날수록 햇빛과 파도에 의해 잘게 부셔지고 쪼개져서 점점 크기가 작아져요. 이때 지름이 5mm가 안되는 크기의 플라스틱을 '미세 플라스틱'이라고 하지요. 어떤 건 너무 작아서 눈에 보이지도 않아요.

모든 생물의 몸속에 쌓여요

바다 생물들은 미세 플라스틱을 플랑크톤이라 착각하고 먹어요. 미세 플라스틱을 먹은 바다 생물은 더 큰 동물에게 먹히고, 결국 바다에 사는 거의 모든 생물의 몸속에는 미세 플라스틱이 쌓여갈 수밖에 없답니다. 미세 플라스틱은 우리가 매일 마시는 생수와 전 세계에서 나는 대부분의 소금에서도 발견되고 있어요.

몸 밖으로 배출되지 않아요

그렇다면 사람의 몸속에서도 미세 플라스틱이 발견될까요? 답은 "그렇다."입니다. 미국의 한 연구팀은 폐와 간 등의 인체 기관에 미세 플라스틱이 들어 있는 것을 조직 검사를 통해 밝혀냈어요. 이전에는 물을 마시거나 똥, 오줌으로 배설하면 몸속으로 들어온 미세 플라스틱이 몸 밖으로 빠져 나갈지도 모른다고 생각했지만, 이건 헛된 바람이었던 거예요. 심지어 식품의약품안전처 조사에 따르면 우리나라 성인 한 명은 하루 3.6개, 1년이면 약 1,300개의 미세 플라스틱을 먹는다고 해요.

플라스틱 병이 생길지도 몰라요

미세 플라스틱은 화학 물질이기 때문에 중요한 신체 기관에 쌓이면 암을 일으키거나 아이를 갖지 못하는 등의 심각한 문제를 일으킬 수 있어요. 머지않은 미래에 신종 플라스틱 병이 등장할 수도 있다는 거예요. 바다가 플라스틱 쓰레기로 고통받으면, 바다 속 생물뿐만 아니라 인간도 함께 병든답니다.

환경 단체 〈그린피스〉의 활동가들이 화장품과 생활용품 속 미세 플라스틱 사용 규제를 촉구하는 퍼포먼스를 펼치고 있어.

쓰레기도 수출해?

우리나라가 다른 나라에 물건을 파는 것을 수출이라고 해요. 대표적인 수출품에는 반도체, 자동차, 선박 등이 있지요. 그리고 또 한 가지! 우리나라는 쓰레기도 수출해요.

플라스틱 소비량 세계 1등

쓰레기를 수출하는 이유는 바로 돈 때문이에요. 우리나라에서 쓰레기를 처리하면 1톤에 15만원 정도가 드는데, 다른 나라로 쓰레기를 보내면 비용이 절반으로 줄거든요.

게다가 우리나라는 쓰레기를 버릴 곳도 마땅치 않아요. 우리나라 사람들이 사용하는 포장용 플라스틱 양은 세계에서 두 번째로 많고, 플라스틱 소비량은 세계 1, 2위를 다투고 있어요. 하지만 쓰레기를 처리할 공간은 턱없이 부족하죠. 2016년 통계청 발표에 따르면 대한민국 국민 한 명이 1년 동안 사용하는 플라스틱은 98.2kg으로 세계에서 가장 많은 양이래요. 이런 건 1등이 아니어도 괜찮은데 말이에요.

쓰레기를 버릴 곳이 없어요

버리는 건 세계 1등인데 쓰레기를 매립할 땅은 부족하니, 우리나라는 항상 쓰레기 처리 문제를 고민할 수밖에 없어요. 태우면 대기 오염 문제가 따라오고, 바다에 버리면 해양 환경 오염 문제가 따라오지요. 그래서 부끄럽게도 우리나라는 오랫동안 쓰레기를 중국에 수출했어요. 중국은 돈을 받고 우리나라뿐만 아니라 세계 많은 나라들의 쓰레기를 대신 처리해 주었지요. 하지만 점차 쌓여 가는 쓰레기로 인해 환경 문제가 심각해지자 중국도 쓰레기 수입을 줄였어요.

몰래 수출한 쓰레기

2018년, 부끄러운 사건이 있었어요. 우리나라가 쓰레기 6,500톤을 필리핀에 내다 버린 거예요. 처음에는 쓰레기가 아니라고 했지만, 정작 컨테이너 안은 기저귀, 다 쓴 건전지, 한글 상표가 붙어 있는 페트병 등 온갖 쓰레기로 가득 차 있었지요.

필리핀 환경 단체와 국민들은 쓰레기를 다시 가져가라며 우리나라 정부에 항의했어요. 결국 이 쓰레기는 1년 6개월 만에 다시 우리나라로 돌아온 뒤 소각됐지요.

자원순환센터에서 재활용품 선별 작업을 하고 있어. 최근 쓰레기 배출량이 더욱 늘어나면서 재활용품 쓰레기 처리는 우리가 해결해야 할 커다란 숙제가 되었어.

지구의 나이는 약 45억 년 정도야. 참 긴 시간이지. 지구의 역사를 일 년이라고 생각해 보자. 1월 1일에 지구가 태어났다면, 인간은 언제쯤 이 지구상에 나타났을까?

처음 지구는 어떤 생명체도 살기 힘든 행성이었어. 두 달쯤 지나 3월이 되어서야 최초의 생명체가 나타나지. 하지만 인간이 등장하려면 아직 달력을 한참 더 넘겨야 해. 12월이 되기 전까지 땅 위에 사는 동물은 하나도 없었거든.

우리 인류는 1년 중 가장 마지막 날인 12월 31일에 드디어 모습을 드러내. 실제로는 500~600만 년 전의 일이지만, 기나긴 지구의 생애를 생각하면 아주 짧은 시간이지.

이번에는 지구의 역사를 2시간짜리 영화로 줄여 만든다고 생각해보자. 인류가 등장하는 장면은 고작 0.1초 정도야. 잠깐이라도 한눈 팔면 등장했는지조차 모르고 넘어갈 수도 있지. 아니, 시퍼렇게 눈을 뜨고 지켜보더라도 알아채기란 정말 힘들거야. 1초도 아니고 0.1초 등장이니까. 우리 인류는 지구라는 무대에 주인공이 아니야. 화면에 잠깐 스쳐 지나가는 행인1 정도라고 해야 할까?

기후 변화

지나가던 행인1에 불과한 인류는 지구의 많은 것을 바꿔 놓았어. 지구 입장에서 생각하면 이보다 더 황당한 일은 없을 거야. 지금껏 잘 살아왔는데, 손님인 주제에 마치 주인인 것처럼 행세하며 땅과 바다 곳곳을 파헤쳐 망가뜨리고 있으니 말이야.

인류의 등장으로 지구는 하늘, 땅, 바다 모든 곳이 더러워지는 건 물론, 점점 뜨거워지고 있단다. 지구 변화에 관한 보고서에 따르면 지난 150년 동안 지구의 평균 온도는 1℃ 정도 올랐다고 해.

'겨우 1℃?'라고 생각하는 사람도 있을 거야. 하지만 과거 1만 년 동안 지구 온도는 1℃ 이상 변한 적이 없었어. 150년 동안 1℃ 상승한 건 지구 입장에서는 엄청나게 급격한 변화라는 거지. 온도가 변하는 속도가 무려 66배나 빨라진 거니까. 유튜브 동영상을 66배 빠른 속도로 본다고 생각해 봐. 지금 지구가 얼마나 정신없는 상태일지 감이 좀 오니?

지구 온도가 올라가면서 지구 곳곳에서는 이상한 일들이 벌어지고 있어. 북극의 빙하는 이제 '녹는다'는 표현으로는 부족해. 붕괴하다시피 무너져 내리고 있지. 2020년 8월에는 그린란드 빙하에서 약 110㎢ 크기의 얼음덩어리가 떨어져 나간 장면이 인공위성에 포

착됐는데, 이는 우리나라에서 가장 큰 놀이공원인 에버랜드 면적보다 110배나 큰 거래.

이렇게 빙하가 줄어들면서 북극곰은 생존을 위협받고 있어. 사냥할 수 있는 곳이 사라지면서 굶어 죽는 북극곰이 자주 목격되기도 한단다.

빙하가 붕괴하면서 삶의 터전을 잃은 북극곰이 먹이를 찾아 헤매다 지쳐 쓰러져 있어.

온실 가스

지구가 뜨거워지고 있는 건 이산화 탄소, 메테인 등의 온실 가스 때문이야. 이산화 탄소는 석탄이나 석유, 천연가스 등 화석 연료를 태울 때 주로 나오고, 메테인은 소나 돼지와 같은 가축을 기르거나 쓰레기를 처리하는 과정에서 발생하지.

이산화 탄소를 흡수하는 울창한 숲을 마구잡이로 개발하는 것도 지구를 뜨겁게 만드는 요인 중 하나야. '지구의 허파'라고 불리는 아마존 숲은 지난 10년 동안 최대 규모로 파괴됐는데, 특히 2019년 1년 동안에는 서울 면적의 16배가 넘는 크기의 숲이 사라졌다고 해.

우리에게 맑은 공기를 선물해 주는 고마운 숲을 파괴하는 이유는 무엇일까? 그건 **숲이 있던 자리에 소를 키우고, 소의 먹이가 되는 콩과 같은 작물을 기르기 위해서야.**

사람들이 햄버거 등 소고기가 들어간 음식을 많이 먹을수록, 아마존의 숲은 더 빠르게 파괴될 수밖에 없지. 우리의 식습관도 기후 변화에 큰 영향을 주고 있는 거야.

불이 나면 사이렌이 울리지? 사람들은 사이렌 소리를 들으면 비상사태가 벌어졌다는 걸 알고, 건물 밖으로 빠져나가지. 사이렌이 울리는데도, 그 소리를 무시하면서 하던 일을 계속하는 사람은 아마 없을 거야.

지금 지구도 우리에게 경고 메시지를 보내고 있어. 사이렌은 이미 오래 전부터 울리고 있었지. 전 세계적으로 이전에는 한 번도 본 적 없던 기상 이변 현상, 해수면 상승, 꺼지지 않는 산불, 짧은 시간 동안 퍼붓는 폭우, 극심한 가뭄, 그에 따른 전염병 발생으로 인해 많은 사람들이 살 곳을 잃어버리고 목숨을 잃었어.

우리나라의 사정 역시 마찬가지야. 2018년 여름, 우리나라는 기상 관측 이래 가장 더운 여름을 보냈어. 2019년에는 역대급 태풍이 지나갔고, 2020년에는 긴 장마로 많은 사람이 고통받고, 목숨을 잃었지. 이 모든 게 다 점점 더워지는 지구가 우리에게 보내는 경고일지 몰라. 혹은 이제 견딜 수 없을 정도로 아프니, 그만 괴롭히라는 애원의 목소리일 수도 있지.

사람 체온이 1℃ 정도 오르면 여기저기가 아프고, 약을 먹거나 병원을 찾게 돼. 지구도 사람 몸과 똑같이 지금 몹시 아파. 우리는 지구가 더 이상 아프지 않도록 보살펴 주어야 해. 어떠한 생명체도 지구 없이 살아갈 수는 없으니까.

지구에게 가장 필요한 약은 지구 온난화를 막는 거야. 그러려면 온실가스와 쓰레기를 줄여야 하지. 지구를 돕기 위해서는 물건을 덜 소비하고, 착한 소비를 해야 해.

더 늦기 전에 지구 곳곳에서 울리는 사이렌 소리에 귀 기울이고,

살아가는 방식과 소비하는 방식을 바꿔 보는 건 어떨가? 현재의 위기를 불러온 것도 우리지만 이를 해결할 수 있는 것 또한 우리 인간뿐이니까.

먹으면 먹을수록 지구 환경을 파괴하는 음식이 있어. 천연 버터라고 불리는 초록색 열매, 아보카도가 그중 하나지.

멕시코, 칠레 등의 중남미 지역이나 아프리카와 같은 아열대 기후에서 자라는 아보카도는 많은 사람이 좋아하는 과일이야. 바나나를 제치고, 미국에서 가장 많이 수입하는 과일 1위 자리에 올랐지. 우리나라 마트에서도 아보카도를 쉽게 볼 수 있어.

하지만 아보카도 한 개가 우리 집 식탁에 오려면 약 420g의 이산화 탄소가 발생해. 중남미나 아프리카 등 멀리 떨어진 곳에서 재배되기 때문에 운송하는 데 화석 연료가 많이 필요하거든.

또한 아보카도는 물을 엄청나게 좋아하는 물귀신이기도 해. 아보카도라는 이름도 '물을 많이 지니고 있다'는 고대 아즈텍 말에서 유래했단다. 아보카도 열매 하나를 키우는 데 필요한 물은 320리터래. 바나나는 150리터, 오렌지는 22리터, 토마토는 5리터가 필요하니까, 엄청난 양이라고 할 수 있지.

탄소 발자국

멕시코에서 아보카도를 가장 많이 생산하는 미초아칸 지역에서는 여의도 면적의 50배가 넘는 소나무 숲을 베고, 그 자리에 아보카도 나무를 심었어. 소를 키우기 위해 숲을 없애는 아마존의 모습과 흡사하지. 농장이 들어서자 주변에는 심각한 물 부족 현상이 생겼단다.

이렇게 주변 환경을 황폐하게 만드는 아보카도지만, 아보카도 소비량은 점점 늘고 있어. 하지만 아무리 몸에 좋은 음식이라 해도, 우리가 많이 먹을수록 지구가 아파한다면 소비량을 조금 줄일 필요가 있지 않을까?

지구의 환경을 해치지 않으면서 영양분이 풍부하고 몸에 좋은 음식은 얼마든지 있으니 말이야.

인간의 활동으로 인해 발생하는 온실가스의 발생량을 '탄소 발자국'이라고 불러. 대표적인 온실가스인 이산화 탄소의 발생량이라고 볼 수 있지. 자동차를 탈 때도, 전기를 사용할 때도, 컴퓨터를 사용할 때도, 우리는 늘 탄소 발자국을 찍고 있단다. 아보카도를 먹을 때도 말이야.

파괴되는 숲

팜유도 환경 파괴의 일등공신이야. 팜유는 기름야자나무 열매에서 짜낸 식물성 기름인데 과자, 라면, 아이스크림 등 식품에도 들어가고 세제나 비누, 화장품을 만드는 데도 사용돼. 지금 집에 라면이나 과자 봉지가 있다면 뒷면을 살펴볼래? 원료명에 '팜유'라고 써 있는 걸 금방 찾을 수 있을 거야.

팜유가 다양한 곳에 쓰이는 이유는 다른 기름보다 싸기 때문이야. 기름야자나무 열매에서는 콩, 유채씨, 해바라기씨보다 10배 이상 많은 기름을 얻을 수 있어 훨씬 저렴하게 생산할 수 있거든.

소비는 생산을 부르는 법! 팜유가 널리 쓰일수록 기름야자나무를 기르는 면적도 늘어날 수밖에 없어. 문제는 현재 기름야자나무의 주산지가 인도네시아와 말레이시아라는 거야. 인도네시아와 말레이시아는 열대 우림으로 가득한 곳인데, 숲을 없애고 그 자리에 빼곡히 기름야자나무를 심고 있어.

1990년대 인도네시아에서는 팜유 농장이 급격하게 늘어나면서 우리나라 면적의 세 배에 이르는 열대 우림이 사라졌어. 그러자 보르네오 섬에 사는 약 15만 마리의 오랑우탄도 사라졌지. 이곳을 터전으로 삼고 살았던 수마트라 호랑이, 코뿔소, 코끼리의 개체 수도 함께 줄었단다.

열대 우림을 파괴하는 방식도 문제야. 나무를 자르지 않고 그냥 불을 질러 버리거든. 왜냐고? 그게 더 싸니까. 장비를 사용해 나무를 한 그루씩 베는 것보다 열 배는 더 돈을 절약할 수 있으니 오랑우탄이 죽든, 공기가 오염되든 나몰라라 하는 거지.

오랑우탄 입장에서 한번 생각해 보자. 사람들이 난데없이 불을 질러 사는 곳이 잿더미가 되었다면 어떻겠니?

필요한 것만, 필요한 만큼

그나마 다행인 건 팜유 생산으로 인한 환경 파괴를 막기 위해 기업과 환경 단체가 힘을 모으고 있다는 거야. '지속가능한 팜유 생산을 위한 원탁회의(RSPO)'라는 단체를 설립해 환경 보전을 위한 기준을 만들고 그것을 지키는 농장에게 지속가능한 팜유 인증(CSPO)을 부여하고 있지. 숲을 불태우지 않고 열대 우림 동물에게 피해를 주지 않으면서 팜유를 생산하면 '착한 팜유'로 인정한다는 거야.

화장품이나 식품을 만드는 기업들도 환경을 파괴한 대가로 얻은 팜유를 쓰지 않겠다고 약속하며 잇달아 CSPO인증을 받은 제품들을 선보이고 있단다. 그 결과 친환경적으로 심은 기름야자 나무의 면적도 매년 꾸준히 늘어나고 있지.

우리가 착한 팜유 생산에 관심을 갖고, 더 많이 소비할수록 변화 속도는 빨라질 거야. 그렇게 되면 더 이상 인도네시아의 오랑우탄, 호랑이, 코뿔소, 코끼리가 집을 잃고 떠돌다 죽는 일은 없겠지?

우리는 소비 사회에 살고 있어. 많이 만들고, 많이 버리는 것이 전혀 이상하지 않지. 하지만 지구 반대편의 누군가가 고통받고, 동물이 희생당하고, 지구가 병드는 건, 우리가 너무 많이 소비하는 바람에 생겨난 일들이야. 소비에 따른 이익은 극히 일부 사람들에게만 돌아가고, 나머지는 피해를 보는 이상한 일들이 벌어지고 있는 거지.

그렇다고 소비를 하지 않고 살아갈 수는 없어. 살아가는 데 꼭 필요한 음식과 물건이 있지. 다만 우리가 소비 습관을 조금만 바꾸고, 착한 소비를 적극적으로 한다면, 우리의 미래는 조금씩 바뀔 수 있을 거야.

착한 소비는 세상을 바꿀 수 있어요

쉬운 길과 어려운 길. 두 개의 길이 있다면 여러분은 어떤 길을 선택할 건가요? 당연히 쉬운 길을 선택할 거에요. 쉽고 편한 길이 있는데 사서 고생하겠다는 사람이 누가 있겠어요?

그럼 질문을 조금 바꿔 볼까요? 어려운 길은 옳은 길이고, 쉬운 길은 옳지 않은 길이라면 이번에는 어떤 선택을 해야 할까요?

착한 소비, 윤리적 소비는 어렵고 불편한 길일 수도 있어요. 하지만 옳은 길임에는 분명하지요. 탄산음료 대신 물을 마신다거나, 유튜브 대신 책을 읽는 일처럼 지루해 보이지만 말이에요. 물 먹는 습관, 책 읽는 습관을 기르는 것처럼, 착한 소비와 윤리적 소비도 습관을 기르는 것과 같아요. 매일 조금씩 연습하면 내 것이 될 수 있지요.

단지 나만을 위한 선택이 아니에요. 착한 소비는 다른 사람을 구하고, 동물을 구하고, 우리가 사는 세상을 구하는 일이에요. 단순히 누군가가 불쌍해서 돕는 게 아니라, 다 같이 행복한 세상을 위해 해야 하는 일이랍니다.

100명의 관객이 함께 공연을 보고 있다고 생각해 봐요. 그중 앞자리에 앉은 10명만이 박수치며 즐거워하는 것보다 관객석에 앉은 모두가 무대를 즐기고 환호한다면 더 신나는 공연이 될 거예요. 혼자보다 여럿이 함께 즐거울 때, 진짜 행복을 느낄 수 있으니까요.

우리는 물건을 '산다'는 일에는 필요와 즐거움뿐만 아니라 책임도 뒤따른다는 것을 알았어요. 그리고 이제는 우리가 배운 것을 실천하는 일만 남았지요.

착한 소비에 대해 알게 된 것을 가족과 친구에게 알리거나 보다 적극적으로 착한 소비에 앞장서 보세요. 행동하는 멋진 소비자가 늘어나면 기업들도 그 변화에 동참하게 되어, 세상은 지금보다 조금 더 나은 곳으로 바뀔 수 있답니다.

여러분의 착한 소비가 세상을 바꾼다는 것을 잊지 마세요!

선생님이 알려 주는 소비자 경제 이야기

우리 같이 착한 소비

초판 1쇄 발행 2021년 7월 7일
초판 3쇄 발행 2024년 4월 30일

글 조희정 | **그림** 나인완
편집 전현정 · 김채은 | **디자인** 양X호랭 DESIGN
제작 박천복 김태근 고형서 | **마케팅** 윤병일 유현우 송시은
펴낸이 김경택
펴낸곳 (주)그레이트북스
등록 2003년 9월 19일 제313-2003-000311호
주소 서울시 구로구 디지털로31길 20 에이스테크노타워5차 12층
대표번호 (02) 6711-8673
홈페이지 www.greatbooks.co.kr

ISBN 978-89-271-9903-8 73300

※이 책은 저작권법에 따라 보호받는 저작물이므로 무단전재와 무단복제를 금합니다.

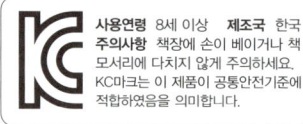